お年寄りと楽しむゲーム&レク①

実際に現場で盛り上がる
ゲーム&指導のコツ

斎藤道雄

黎明書房

PREFACE はじめに

　最近，高齢者ゲームの本も急に数がふえてきたようです。いつもゲームに悩んでいる高齢者施設スタッフのニーズがその数に現れているようです。

　消費者側としては，ネタ探しをしているわけですから，より現場にあったゲームがたくさんのっている本を求めていることだと思います。

　でも，そんな高齢者ゲーム指導書のたくさん並んだ本棚を見て，私はこう思うのです。ゲームも大切だけど，理論の方も大切じゃないかって。

理論というとちょっとかた苦しい表現かもしれませんが，プログラムのつくり方とか，わかりやすい説明の仕方とか，どんなゲームをどこで使えばいいのか，という進め方のノウハウのようなものです。

　お年寄りが何人か集まっているところでゲームをすることは，ただ，本に書いてあるゲームをするよりは，そういう理論を知っていたほうが，落ち着いて進行できます。

　ただ，やることに困ったから「風船バレー」というのではなく，その目的を自分なりに理解してできれば，もっともっと中身の濃い時間になることでしょう。

本書では，私の体験をもとに，ゲームとその理論を紹介しています。もし私が，ゲームだけしか知らずに，その意味をまったく知らなかったら，不安でたまらない気持ちで，お年寄りの前に立つことになるでしょう。

　こんな小心者の私に似た人がいたとしたなら，心のお守りに，理論の習得をおすすめします。

もくじ

はじめに 1

ゲームを楽しく盛り上げる指導のコツ

■ゲームを盛り上げるコツ■
1. 盛り上げるコツを考える 8
2. 2人組みでできるゲームを使う 10
3. リズム遊びを使う 12
4. みんなでやってみる 14
5. わざと盛り上げないところをつくる 16
6. うまくやろうと思わない 18

■ゲーム指導のコツ■
7. できることはやらせてあげる 20
8. 安全は道具とことばで 22
9. 童謡のメリット 24
10. ジャンケンを利用して楽しむ 26
11. 盛り上がる施設のわけを考える 28
12. 男性参加者の気持ちを考える 30
13. してあげないサービス 32

もくじ

■**コツよりも大事なこと**■

14 新しいゲームのネタよりも大切なもの　34
15 お年寄りをなめちゃいけない　①　36
16 お年寄りをなめちゃいけない　②　38
17 施設から学ぶこと　40
18 スタッフ育成がカギ　44
コラム　最高のいきいき体操　46

実際に現場でやっている楽しいゲーム集

■**ひとりでもできるゲーム**■

1 ○×体操　48
2 お手玉体操　50
3 棒体操　52
4 握手体操　54
5 びりびり新聞　56
6 もしかめ肩たたき　58

■2人組みでできるゲーム■
- 7　あんたがたどこさ　60
- 8　ラブラブかたつむり　62
- 9　おさらにポン ①　64
- 10　おさらにポン ②　66
- 11　お手玉キャッチボール　68
- 12　ごめんなさいジャンケン　70
- 13　ばんざいジャンケン　72
- 14　引越しジャンケン　74
- 15　たし算ジャンケン　76
- 16　もしかめジャンケン　78
- 17　もしかめ握手　80

■グループ・みんなでできるゲーム■
- 18　チーム対抗ジャンケン　82
- 19　花いちもんめ　84
- 20　童謡クイズ　86
- 21　エンドレスサッカー　88
- 22　生き残りサッカー　90
- 23　野菜・魚・くだもの　92

本文イラスト　伊東美貴

ゲームを楽しく盛り上げる指導のコツ

1 盛り上げるコツを考える
ゲームを盛り上げるコツ

　講演会などで多い質問のひとつに
「どうしたら，盛り上げることができるか？」
ということがあります。ここでは，そんなみなさんの疑問にお応えして，盛り上げるコツについてご紹介します。

　考えてみれば，大勢の人たちを盛り上げることは大変なことです。ましてや相手はお年寄りですから。はじめて大勢のお年寄りの前に立ったときの，なんともいえない空気の冷たさは，今でもはっきりと覚えています。(別に，お年寄りが私に対して冷たいのではありませんが)

　ここでは，少し発想を変えて，盛り上げるというよりも，私なりに盛り下がらない(シーンとしない)手段を考えてみました。シーンとしないだけでも，雰囲気はずいぶんとなごやかなものになります。そして，なごやかな雰囲気は，笑いや積極性をもたらしてくれます。

　以下は，私が行っているゲームを盛り下げない５か条です。次からの項目ではこの５か条について解説していこうと思います。

```
1  ２人組みのゲームを使う
2  リズム遊びを使う
3  みんなで一斉に行う
4  わざと盛り上がらないところをつくる
5  うまくやろうと思わない
```

●●● ゲームを楽しく盛り上げる指導のコツ

ゲームを盛り下げない5か条

1. 2人組みのゲームを使う
2. リズム遊びを使う
3. みんなで一斉に行う
4. わざと盛り上がらないところをつくる
5. うまくやろうと思わない

2 ゲームを盛り上げるコツ
2人組みでできるゲームを使う

　ゲームをすすめていく上で，私は必ず2人組みでできるゲームを使用します。2人組みのゲームのメリットはおもに次の2つがあげられます。
　① コミュニケーションをふやす
　② スキンシップをはかる
　この2つ以外に，実は，私自身にも大きなメリットがあるのです。それは，（私の）話をする時間が減らせることです。

　例えば，私が「ジャンケンで負けた人が10回肩をたたいてあげてくださいね」と，こんな説明をしたとします。すると，参加者が行動をしている時間は私は黙って見ていることになります。

　私が話をして楽しませているのではなく，参加者同士で楽しんでいるのです。その時間，私は黙っているわけですから，その分，参加者のことを落ち着いて見ることができます。

　自分ひとりで盛り上げようと考えるととても重荷になりますが，参加者同士がふれあえるように仕向けていけば，その負担はきっと軽くなると思います。
　その最も手軽な方法が，2人組みでできるゲームを使うことなのです。

●●● ゲームを楽しく盛り上げる指導のコツ

3 ゲームを盛り上げるコツ
リズム遊びを使う

　これも，2人組みのゲームと同じ理由からですが，リズム遊びをよく使います。リズム遊びといっても，そんなに難しいものではなく，昔やった「せっせっせ〜の　よいよいよい」で始まるあの遊びです。ある施設の例をご紹介します。

　参加者約20人が輪になり，黙々とストレッチ体操をしていました。約20分経過したところで，「はい，じゃあとなりの人と2人組みに向かい合って座りましょう」
と言われると，待ってましたと言わんばかりに参加者は自分の座っていた椅子を動かして，まるでお見合いでもするかのように向かい合いになりました。

　すると，みんなで「茶摘み」（夏もち〜かづく　は〜ちじゅう　は〜ち〜や〜）を歌いながら，2人で右手と左手を交互にあわせていきます。なぜか，その顔は実にいきいきと楽しそうにしています。歌い終わると，手を取り合って喜んでいるのです。まるで，今までシーンとしていたことがウソのように。

　この2人組みのリズム遊びにはとても不思議な魔力を感じます。ひとりではなく，2人でやり遂げること。その達成感が喜びを2倍，3倍，いや10倍にもしているのです。

●●● ゲームを楽しく盛り上げる指導のコツ

4 みんなでやってみる
ゲームを盛り上げるコツ

　お年寄りというと,「ゆっくり」としたイメージがあるようですが,あくまでもゆっくりなのは,その動作だけであって,ゲームのテンポはポンポンとテンポよくいきたいものです。ある施設の例をご紹介します。

　参加者約20人ほどが丸くなって,真ん中に置かれたかごにボールを投げ入れるゲームをしていました。はじから順番にひとりが2回ずつ行っていくのですが, これが結構時間がかかるのです。
　途中になかなか投げない（身体能力的に投げられない）人もいたりすると,「早く投げさせて次の人に順番を回さなきゃ」と, 余計なことを考えてしまったりします。

　結局10分近くかかって,ひとりあたりの投げた回数は2回ということになってしまいます。運動量をふやす意味でもほかにもこんなやり方が考えられると思います。

　待っている人のことを考えると, もう少し, からだを動してあげたいところです。
　この場合, 全員がいっぺんに投げてもいいでしょうし, 箱に入ったボールの数で競争してもいいと思います。
　まだまだほかにも, きっといろんなやり方があることでしょう。

●●● ゲームを楽しく盛り上げる指導のコツ

5 わざと盛り上げないところをつくる
ゲームを盛り上げるコツ

　はじめから終わりまで，参加者を笑いのうずに巻き込んで，拍手喝采を浴びてみたい。お年寄りのゲーム指導を始めた頃の私は，そんなふうに考えていました。

　でも，それってとても疲れるんですよね。私自身もそうですが，実は相手（お年寄り）にとっても同じことなんです。そのうちに，休憩をすることも必要なんじゃないかって，考えるようになりました。休憩といっても，お茶を飲んだりするのでなく，わりと落ち着いたゲーム（静のゲーム）を意図的にいれることです。

　一般に指導案をつくるとき
「導入」
「展開」
「まとめ」
と，3つのことを考えます。例えば，「体操して」「風船バレーをして」「歌った」とすれば，順に導入，展開，まとめと考えることができます。

　もし，展開で盛り上げようとするならば，導入とまとめの部分は意識的に盛り上げないようにしてみる。そうすれば，結果的に展開のところが盛り上がりの頂点のかっこうになります。

　盛り上げるべきポイントをしぼって盛り上げる。言い換えれば，盛り上げないところも必要なんです。そう考えれば，自然と肩の力も抜けてできるのではないでしょうか？

●●● ゲームを楽しく盛り上げる指導のコツ

6 ゲームを盛り上げるコツ
うまくやろうと思わない

　何年か前に，ある会社の新入社員を対象にゲーム指導をする仕事がありました。
　約100人の社会人を相手に1時間で，からだを動かし，交流を深めるためにはどんなゲームがいいかをいろいろ考えて，当日を迎えました。

　しかし，私が思っていたように事は運びませんでした。というのは，緊張はするし，説明のことばは忘れるしで，私にとっては，さんざんな内容でした。

　終了後，同行していた先輩指導員に意見をうかがってみると，こんなこたえが返ってきました。
　「完璧な人なんていない。失敗しちゃったら，ごめんなさいって謝ればそれでいい」

　なんだか，その言葉を聞いて，とても気が楽になったことを今でもはっきりと覚えています。きっと心のどこかで，「いいとこ見せてやろう」なんて考えてたんですね。それが，自分に余計な負担をかけていたんだと思います。
　それからは，あまり見栄をはらずに，ありのままの自分でやることを心がけています。

●●● ゲームを楽しく盛り上げる指導のコツ

7 ゲーム指導のコツ
できることはやらせてあげる

　先日，あるデイサービスでゲームの時間を見学していたときのことでした。ひとりのスタッフがひとりの参加者に付き添っていました。見ていると，このスタッフは何から何まで親切にお世話してあげていました。

　ここでひとつ気になったことは，本人がもし，自分でできることがあるなら，やらせてあげたいと思ったことでした。
　例えば，名札を胸につけてあげることも，自分ひとりでできるならば，ひとりでつけさせてあげた方がいいんじゃないかと思うんです。たとえ，本人ができなくても，せめてできるところだけでもかまいません。
　いつもそうしてあげていると，参加者も，やってもらえることがあたりまえの感覚になってしまうと思うのです。

　手伝うこと＝親切，やさしい，気がきく
　手伝わないこと＝不親切，いじわる，気がきかない，さぼっている
　なぜか，こんな考え方が多いように思えます。

　手伝うことも度を越えてしまうと，できることを奪う行為だと思ってしまうのは，私だけでしょうか。

●●● ゲームを楽しく盛り上げる指導のコツ

ゲーム指導のコツ
8 安全は道具とことばで

　もう2年ほど前になりますが，私が見学にいったデイ・サービスで，ゲームに参加していたお年寄りがイスから落ちてケガをしたことがありました。幸い，大事には至らずに済みましたが，そのゲームの進め方にも問題がありました。

　イスに腰掛けたままボールを蹴る単純なゲームでしたが，この人は少し横にそれたボールを蹴ろうとして，イスから転げ落ちてしまったのです。

　この場合の安全対策は，次の2点が考えらます。
① 道具の安全対策
　・イスが壊れていないか
　・安定したイスであるか　　etc.
（パイプイスの場合，左右のバランスが悪いので特に注意が必要）
② ことばによる安全対策
　・安全のための約束事を説明しているか
　　例　座ったままで行うこと
　　　　自分の前に来たボールだけ蹴ること　etc.

　特に，この場合は，ことばの安全対策の②が足りないことが原因のひとつに考えられました。

　あらかじめ約束をしておくだけで，ずいぶんと危険が回避されます。危険箇所を少しでも多く取り除くことが，楽しさのスタートではないでしょうか。

●●● ゲームを楽しく盛り上げる指導のコツ

9 ゲーム指導のコツ
童謡のメリット

　以前，私の講演会の終了後に参加者からこんな質問がありました。
「童謡は子どもっぽいからやめてくれ，と言われるんですが，やっぱりいけないのでしょうか？」
　ちなみに「やめてくれ」と言っているのは，参加者ではなく他のスタッフの意見だということでした。

　たしかに「子どもっぽいから」という意見もわからないではありません。
　でも，私の場合は童謡を必ず使用しています。私が考える，童謡を使うメリットは次にあげるとおりです。

①　誰でも簡単に歌うことができる。
②　無口な人も結構口が動く。
③　童謡なら私も歌うことができる（リードできる）。
④　一瞬にして雰囲気がなごむ。
⑤　寝ている人も起きる？

　高齢者施設では「困ったときの風船バレー」なんてことばも聞きますが，私に言わせれば「困ったときの童謡」です。

　こんなにメリットがあるのに，「子どもっぽいから」なんてちょっともったいない気がするのは，私だけでしょうか。

● ● ● ゲームを楽しく盛り上げる指導のコツ

10 ゲーム指導のコツ
ジャンケンを利用して楽しむ

　"ゲーム指導"って大変で，難しいものになっていませんか？　私もはじめのころは，楽しんでもらうことばかり考えて大掛かりな道具を用意して，毎回違うゲームを考えて，ネタが無くなって困ってしまうことがありました。

　でも，少し発想を変えて，自分が好きなこと，そして自分が楽しめるゲームを考えるように切りかえました。

　そうすることで，肩の荷がおりてとても楽になりました。皆さんも気軽に考えて，参加者の方と楽しい時間を共有してください。

　今，私のおすすめは，ジャンケンゲームです。例えば，「ジャンケンで勝った人の肩をたたく」そんな簡単なルールでも，楽しいゲームになってしまいます。

　ジャンケンは，時間，場所，対象，人数に関係なく，楽しむことができます。ルールが簡単でアレンジもしやすいので，私にとってゲームの王様です。

　皆さんも，何かひとつ得意なゲームをもっていると，ちょっと困ったときに，きっと大活躍してくれますよ!!

　いつも，同じゲームでもいいじゃありませんか。「これだけは誰にも負けないぞ」と言えるものを持っていてください。

　私は，普段のゲーム指導の中で，何かひとつでも，1箇所でも"楽しかった"と言ってもらえることを目標にがんばっています。そして，自分自身が楽しい気持ちで過ごす事ができるように心掛けています。
　　　　　　　　　　　（スポーツインストラクター　皆川　尚子）

●●● ゲームを楽しく盛り上げる指導のコツ

11 ゲーム指導のコツ
盛り上がる施設のわけを考える

　いろんな施設のゲームを見学していると，ゲームを盛り上げてやっている施設にはその共通点があるように思います。そんなある施設をご紹介します。

　参加者30人，スタッフ5人でその日行っていたのは，ボーリングでした。一見，時間がかかりそうで，待ち時間の間にシラけてしまうんじゃないかと思ったのですが，その私の予想は見事にくつがえされました。
　その理由は，次の2とおりの応援のやり方にありました。
　①　名前を呼ぶこと。「○○さ〜ん，がんばって！」と職員みんなで応援することで，待っている参加者もそれにつられて声を出していました。
　②　楽器を使うこと。鳴り物を使った応援です。すず，タンバリン，カスタネットなどを全員に配って，即席応援団の完成です。音があるだけで，ずいぶんと雰囲気が変わるものです。

　ここで特に強く感じたことは，スタッフ一人ひとりが何をするべきかを理解しているように思えたことでした。
　ただ，「盛り上げよう」という大きな目標とは別にもうひとつ，より具体的な小さな目標をたてること（名前を呼ぶ，音を出してにぎやかにするなど）が，参加者を動かしている気がしました。

● ● ● ゲームを楽しく盛り上げる指導のコツ

12 ゲーム指導のコツ
男性参加者の気持ちを考える

　女性の割合に比べると，男性のデイ・サービスでのゲーム参加者は極めて少ないのが現状です。実は，私も同性として，なんとなくその気持ちは，わかるような気がします。

　私が健康づくりを担当する施設にNさんという男性がいます。Nさんはとても無口な性格で，ほとんど会話らしい会話もありません。表情も楽しんでいるようには見えないのですが，それでも毎回参加してくれます。
　ある日，私が片付けをしていたときのこと。床に置いてあった楽器の箱を，棚にしまおうとしたら，Nさんがひょいとその楽器を私に渡してくれたのです。私にはちょっと意外な行動だったので，あわてて
「ありがとうございましたっ！」
と言うと，Nさんは黙ったままコックリとうなずいて，何も言わずにその場を去っていきました。

　みんなのいるところで，陽気に振舞うことのないNさんですが，そういうことが苦手な男性の気持ちは，私にはとてもよくわかります。だから，男性の場合自分からすすんでそういう場には出たがらないのかもしれません。
　積極的なのもいいことですが，消極的には消極的のよさがあるような気がします。

● ● ● ゲームを楽しく盛り上げる指導のコツ

13 してあげないサービス
ゲーム指導のコツ

　幼児体育指導をしていた頃，どんなことをしたら子どもたちは喜んでくれるか，そんなことばかりをいつも考えていました。

　ある日，体育の授業が終わって，そのまま出しっぱなしにしておいた平均台で，子どもたちが遊んでいました。
　子どもたちは，平均台の両はじから歩いてきて，ぶつかったところでジャンケンをして，負けた人は平均台から降りる遊びをしていました。
　こんなことは，授業では教えていないのに，子どもたちは自分たちで遊びを創造していたのです。

　子どもとお年寄りでは，一概に比較はできませんが，高齢者施設でも，お年寄りが喜ぶサービスを提供しようとする思いばかりが，少し強すぎるように思います。
　お年寄り自身にも，自分たちで楽しむ力がホントはまだまだあるような気がします。いや，そうあってほしいと願いたいものです。

　まったくサービスを提供しないというのではなく，お年寄り自身が楽しみを創りだす環境作りもそのひとつの手段だと思います。
　もしかしたら，しまい忘れた遊び道具で，勝手に遊びを始めるかも……。

●●● ゲームを楽しく盛り上げる指導のコツ

14 新しいゲームのネタよりも大切なもの
コツよりも大事なこと

　「ゲームが上手にできること」「ゲームの知識を増やすこと」私が本当に大切だと思うことは，そんなことではありません。
　果たしてゲームが上手にできたからといって，お年寄りは本当に喜んでくれるのでしょうか？

　私が幼児体育指導をしていた頃，やはり授業でやるゲームがうまくできない時期がありました。何か子どもたちにウケるゲームはないかと常に模索していた時期でもありました。
　でも，よくよく考えてみると，こどもたちにウケようとすることばかりで，ほかには何も考えていなかったのです。

　今になって思う大切なことは，「自分の気持ちをゲームという道具を利用して伝える」ということなんです。
　この伝えたい気持ちがなければ，ゲームも道具としての機能を失ってしまいます。
　反対に，伝えたいことがはっきりしていれば，ゲームなんて（道具なんて）何だって構わないんです。

　それは，子どもであってもお年寄りであっても変わりはありません。小手先でゲームをこなすことができるより，自分は一体お年よりに何を伝えたいのか？　それがあれば，案外，ゲームなんて必要なくなるかもしれません。

● ● ● ゲームを楽しく盛り上げる指導のコツ

目　標

15 コツよりも大事なこと
お年寄りをなめちゃいけない ①

「お年寄りにはやさしく」
お年寄りと接するときは，こんなことばが浮かんできます。でも，私のゲーム指導に関していえば，
「お年寄りには厳しく」
がモットーです。以下，ご紹介するのは実際に私が目撃したエピソードです。

・クイズを出題して「さあ，答えはなんでしょう？」と指名すると，急に耳が遠くなる人。
・同じように，クイズを黒板に書くと，急に目が悪くなる人。
・ゲームの優勝者に「感想をひとこと」と聞くと，今までとても元気だったのに，急におなかが痛くなる人。
・抽選で袋の中から当たりくじを引き当てるのに，たくさん引いておいて，あとから当たりくじだけを引き当てる人。
・全員でジャンケンをして，勝ち残った人だけがお菓子をもらえるのに，負けてもちゃっかりもらっている人。
・電車に乗るときに，足が悪そうなのに，なぜか走って自分の席を確保する人。

以上，お年寄りをなめてかかると，痛い目にあう私の体験談でした。

●●● ゲームを楽しく盛り上げる指導のコツ

16 お年寄りをなめちゃいけない ②
コツよりも大事なこと

　お年寄りをなめちゃいけないエピソードをもうひとつ。
紅白2チームに分かれて対抗戦をしていたときのことです。
　内容は，サイコロをひとりずつ投げて，その出た目の和を競う単純なものでした。

　おもしろいことにこのゲームは，なぜか接戦が多くなります。いろんな数（目）が出ているようでも，ひとりあたりに平均すると，3か4ぐらいなのです（10人いると合計で30〜40点ぐらい）。

　この日もまた接戦で，最後のひとりの一投で勝負が決まるという盛り上がった場面となりました。ちなみにここまでの得点は38対40。赤組のKさん（女性）が「3」以上を出せば大逆転勝利という絶好のチャンスです。

　両手でサイコロを頭の上に持ち上げて（事前にそういう条件にしてある），投げるのかと思ったら，そのままサイコロを自分の足元まで持っていきました。（まさか？）とは思いましたが，その瞬間Kさんはそっとサイコロを（ほとんど置くように）投げたのでした。

　計算どおり「6」を上にして投げられた（置かれた）サイコロでしたが，コロッと転がって，なんと「1」でとまってしまいました。これにはみんな大爆笑。結局1点差で涙をのんだKさんでした。

● ● ● ゲームを楽しく盛り上げる指導のコツ

17 施設から学ぶこと
コツよりも大事なこと

　ここでは，実際にデイ・ホームに勤める職員の方に現場のゲームの様子をご紹介していただきました。そこには，ほかの施設の，ゲームの様子，悩み，方針がうかがえます。

　サイコロ2コ，手づくり一万円札(人数×5枚程度)，紙コップなどのいれものを準備します。参加者はテーブルを囲むようにイスに座ります。サイコロを振るリーダーは，参加者からよく見えるところに立ちます。

　まず，一万円札を「これが本物だったら……」などと，話し合いながら配ります。ことばのイメージから「何が始まるんだろう」と遠くから見ている様子の方もおられましたが，無理強いはせず，いつ参加してもいいようにお札は配布しておきました。
　「さあ，丁か，半か」とやりながら，ここでサイコロの出た数を足して偶数なら丁，奇数なら半で，お札をいくら賭けてもよいが「賭けた分，当たればもうかる。はずれれば手放す」と説明します。

　痴呆をもった方も，理解できていませんが「うん，うん」と聞い

ゲームを楽しく盛り上げる指導のコツ

てくださっています。ここでうまく，参加者同士のコミュニケーションをとれると，ゲームはうまく進みますが，ここでの意図的な声掛けには苦労します。参加者が楽しむゲームではなく，楽し

まされているゲームとなって，徒労に終わることがあるからです。
　ゲームの開始です。「丁か半か」と緊張が走る雰囲気の中で，活気のあるゲームが楽しそうに進んでくると，はじめは，乗り気でなかった方も参加してこられました。

　白熱してくると，「残念，あなたは半だから没収」といわれても，忘れてしまって自分に不利なことは納得しません。
　ここで陰気な雰囲気をなんとかしなければなりません。

　そこでホワイトボードの右に「丁」，左に「半」と記入し，丁に賭けるときは自分の右側に，半に賭けるときは左側にお札をおくというルールをつくりました。
　これで「○○さんは，右に置いたから「丁」残念でした」と，納得してゲームを楽しめるようになりました。

　既存のゲームを改造した形は，子どもじみているという印象は少なくて，入りやすかったのかもしれません。
　ちなみにこの時の勝者は，失語症があり，いつも寡黙な男性で「ギャンブルに強い」と，みんなから認められてニンマリしていました。

（世田谷区社会福祉事業団　デイ・ホーム弦巻　主任　蛭原まゆみ）

●●● ゲームを楽しく盛り上げる指導のコツ

18 スタッフ育成がカギ
コツよりも大事なこと

　「パーキンソン病で気持ちが沈んでいましたが，ここで元気を取り戻しました」。ある日，デイ・ホームの利用者の方がしみじみおっしゃったことがありました。さらに続けて，「それは職員がよかったからです。職員の笑顔に励まされてここまで回復しました」と。

　また，そのデイ・ホームで5年間ボランティアを続けていただいている方も，「実は職員に会いに来ています。職員に接するのが楽しいから続いています」と話してくださったことがありました。

　「措置から契約へ」などを理念としてスタートした介護保険も，3年が経過しました。今，どの事業所も選ばれるサービス作りにしのぎを削っています。良質なサービスで一人ひとりに満足してもらえるために，今何をなすべきか，模索が続いています。この数年の取り組みが勝者と敗者を分けるといわれています。
そのポイントは利用者本位のサービス提供を実現できるかどうかにあるのではないでしょうか。一人ひとりにあった，オーダーメイドのサービスを，積極的に経営感覚を持って，連携を持ちながら進めていくことができるかどうかにかかっているのだと。

　こうした転換期ともいえる時期に，困難な課題を克服していくためには，新たな理念，新たなニーズに対応できる職員の存在が不可欠です。新しいシステムに血を通わせるのは職員です。

　また，あらたな時代に対応できるように能力・知識を開発して

いくことが職員の自己実現にもつながるものです。職員の自己実現度が高まることが，顧客満足につながることを考えると，スタッフ育成こそ最重要の課題であると思います。

（世田谷区社会福祉事業団　在宅支援課長　和久弘幸）

　和久さんから，高齢者ゲーム指導研修会の依頼があったのは，平成14年10月のことでした。
　実際に講師を施設に招いて，指導を任せる施設が多い中で，和久さんは，講師に頼らず，まず職員自らで施設を盛り上げていこうと考えていらっしゃいました。
　私も，この考え方には大賛成です。私が見た限りでは，レクリエーションに力を入れる施設はとても活気があります。
　職員の皆様には，レクリエーション支援の知識と経験を積み重ねて，どうぞ肩の力を抜いて，気楽にスペシャリストを目指してほしいと思います。私も，少しでも力になれるよう応援していきたいと思います。

レクリエーションのスペシャリストを目指す努力

⬇

職員の資質の向上

⬇

顧客満足

コラム
最高のいきいき体操

「Sさん，きょうはTさんどうしたんですか？」
　私が担当するいきいき体操クラブに，毎回必ず参加するTさんの顔が見えないので，病気でもしたのかなと思って友人のSさんに尋ねてみると，
「彼女はあそこよ，ほら」と，窓の外にある公園の方を指さすではありませんか。

　（体操クラブを欠席してまで，公園で何をやってるんだろう？　ゲートボールでも始めたのかな？）
　と，思って，窓の外をのぞいてみると……。

　そこには，公園のベンチに腰掛けたTさんと男性との2人きりの姿がありました。何を話しているのかは聞こえてきませんが，Tさんの笑顔がとても印象的でした。

　こんな欠席だったら，Tさんには，どんどん欠席してもらいたいものです。Tさんにとってはこれが最高の「いきいき体操」ではないでしょうか？

実際に現場でやっている楽しいゲーム集

1 ○×体操
ひとりでもできるゲーム

片手で○を書きながら，同時に反対の手では×を書いてみましょう。

■説明のポイント■

① 両手を同時に動かすこと。
② できれば見本を示すこと。

■反省日記■

・まずは，片手で練習を。
・両手ともに○になってしまう人が結構いる。
・何を書いてるのか，わからない人も結構いる。
・見本は，大きく，ゆっくりと。（大きく書いたほうがやりやすい）

● ● ● 実際に現場でやっている楽しいゲーム集

2 ひとりでもできるゲーム
お手玉体操

お手玉ひとつを使って，いろいろな運動をしてみましょう。

■遊び方■

① 上に投げてとる。
② 上に投げて拍手を1回してとる。
③ 上に投げて，手の甲でとる。
④ 手の甲で投げて，手の甲でとる。

■注意■

がんばってキャッチしようとすると危ないので，落としても（失敗しても）構わないことを伝える。

■反省日記■

・こどもの頃に遊んだのか，比較的上手な人が多い。（特に女性）
・説明もしないのに，配った途端勝手に遊んでいる人がいる。
・なぜか，真剣になる人が多い。
・お手玉がないときは，新聞紙を丸めたボールでも可能。

●●● 実際に現場でやっている楽しいゲーム集

3 棒体操
ひとりでもできるゲーム

新聞紙を丸めた棒を使い，いろんな運動を行いましょう。

■遊び方■

① 自分で棒を使って，肩，背中，ふくらはぎをたたいてみる。
② 手のひらの上に棒を立ててみる。
③ 片手で上から棒を落とし，残った手でキャッチしてみる。
④ 上から棒を落として，ひざでキャッチしてみる。

■注意■

座ったままで行うこと。特に②は頑張りすぎると，イスから立ち上がる傾向がある。

■反省日記■

・ほかにもいろいろなバリエーションが考えられるので，棒1本だけでも結構楽しむことができる。
・指導の前に，一度自分でも体験してみよう。
・③をやっているときに，うまいな〜と感心していたら棒の下をしっかり握っていた。

●●● 実際に現場でやっている楽しいゲーム集

53

4 握手体操
ひとりでもできるゲーム

いろんな場所で握手をして、からだをほぐしましょう。

■遊び方■

① 胸の前で
② 頭の上で
③ 頭の後ろで
④ 背中で
⑤ 背中で上と下から
⑥ 足と足の間で
⑦ 両足の下で

■注意■

無理をしないで，できる範囲で行いましょう。

■反省日記■

・スカートの人は，やりづらい種目があるのであらかじめ配慮して行う。(でも，気づいたらまわりの目を気にせずやっていたけど……)

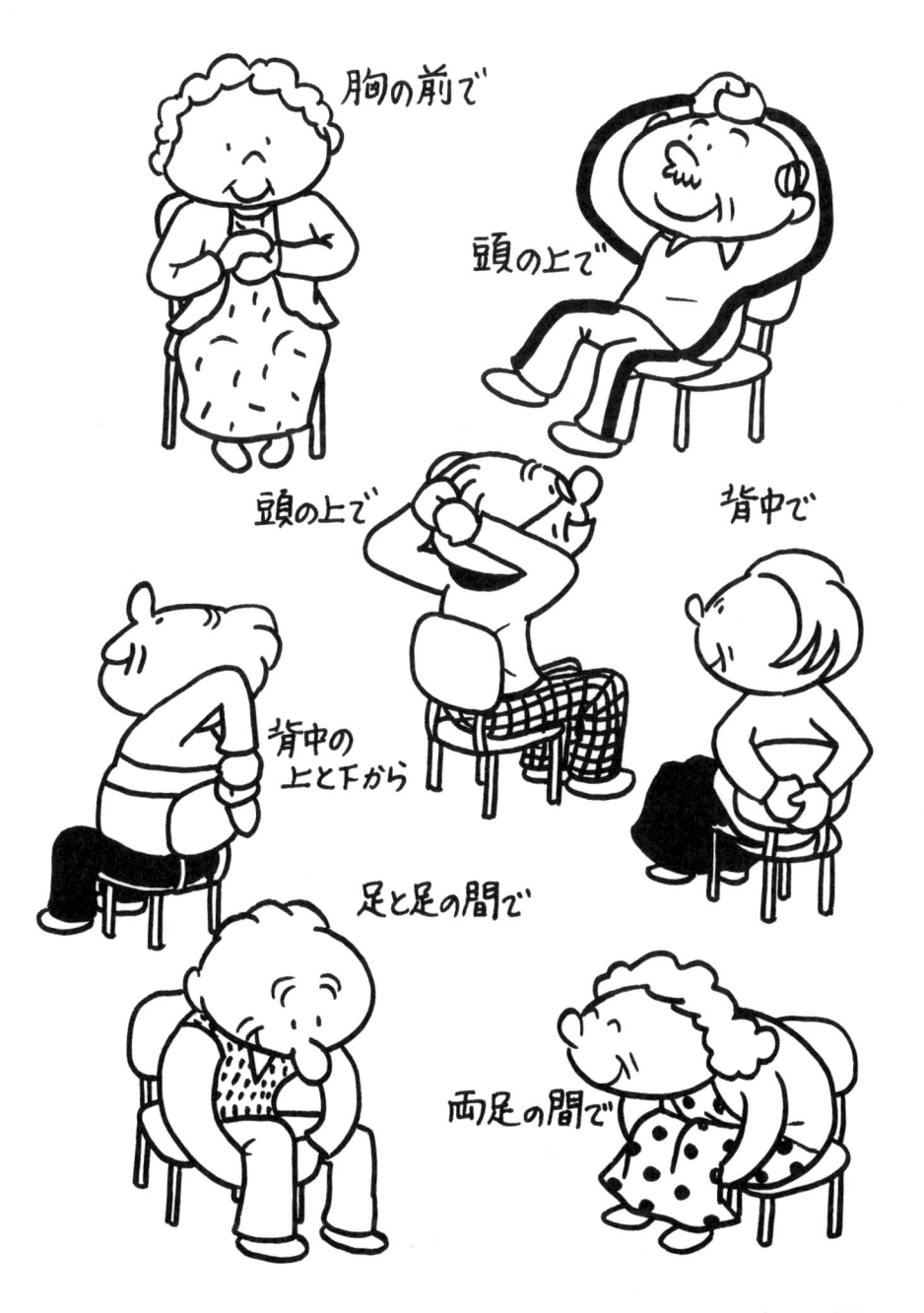

●●● 実際に現場でやっている楽しいゲーム集

胸の前で

頭の上で

頭の上で

背中で

背中の上と下から

足と足の間で

両足の間で

5 ひとりでもできるゲーム
びりびり新聞

床に広げた新聞紙をイスに座ったまま足だけを使ってやぶいていきます。やぶいた枚数で勝敗を競います。

■説明のポイント■

① 座ったままで行うこと。
② 足だけで行うこと。

■反省日記■

・自分でやってみるとわかるが，結構大変。(いい運動になる)
・私の場合，1枚では大きすぎるので，半分の大きさで行っている。
・新聞は横よりも縦方向にやぶきやすい。
・なかには，手でやぶきはじめる人もいる。
・じゅうたんの上では難しい。
・そのまま捨てるともったいないので，そのあとに，丸めて遊んでいる。

●●● 実際に現場でやっている楽しいゲーム集

6 ひとりでもできるゲーム
もしかめ肩たたき

「うさぎとかめ」を歌いながら，自分の肩をたたいてみましょう。

■遊び方■

① 右手で左の肩を8回
② 左手で右の肩を8回
③ ①の要領で4回
④ ②の要領で4回
⑤ ①の要領で2回
⑥ ②の要領で2回
⑦ ①の要領で1回
⑧ ②の要領で1回
⑨ 拍手を1回

♪ もしもしかめよかめさんよ…①
　世界のうちでおまえほど　…②
　歩みののろい　　　　　　…③
　ものはない　　　　　　　…④
　どうして　　　　　　　　…⑤
　そんなに　　　　　　　　…⑥
　のろ　　　　　　　　　　…⑦
　いの　　　　　　　　　　…⑧
　か　　　　　　　　　　　…⑨

■説明のポイント■

はじめは歌なしの手だけで練習してみましょう。

● ● ● 実際に現場でやっている楽しいゲーム集

7 あんたがたどこさ

2人組みでできるゲーム

■遊び方■

2人で向かい合って座ります。「あんたがたどこさ」を拍手しながら歌い,「さ」のところだけは2人の手と手を合わせます（見つめあって）。
最後の「ちょっとかぶせ」の「せ」のところで,お互いの肩に両手をのせましょう。

■説明のポイント■

・知っているようで,案外知らない歌なので,先に歌だけで練習する。
・見本を見せながら行う。

■反省日記■

・はじめに,ひとりだけで練習してみる。そのときは,拍手しながら,「さ」のところで自分のひざをポンとたたく。

●●● 実際に現場でやっている楽しいゲーム集

8 ラブラブかたつむり
2人組みでできるゲーム

■遊び方■

2人で並んで座ります。2人の手と手を重ねて（上がグー，下がチョキ）かたつむりをつくります。上下を交代させながらかたつむりのうたを歌います。このとき，上下が交代しても上はグー，下はチョキになるようにします。

■説明のポイント■

① 2人で並んで（肩を寄せ合うぐらいに）座らせること。
② はじめに，かたつむりの作り方をゆっくり指示すること。
③ 手の上下を交代しても，チョキが下でグーが上であること。

■反省日記■

・はじめの形を確認すること。
・上下を交代させると，かたつむりの目が4つになる？
・上下を交代させると，からだけになる？
・上下を交代させると，からが下についている？
・腕を組ませて，残った手で作らせると，密着度抜群。
・できれば，男性と女性で組ませてあげたい。（大きなお世話？）
・できれば，男性には実習生の女の子と組ませてあげたい。（個人的意見）

● ● ● 実際に現場でやっている楽しいゲーム集

9 おさらにポン ①
2人組みでできるゲーム

■遊び方■

① 2人で向かい合って座る。
② お手玉を持つ人と受け取る人を決めて，受け取る人は，両手でおさらを作り，お手玉を持っている人はその中に入れてあげる。
③ お手玉を渡した後は，おさらをつくって，お手玉が入ってくるのを待つ。この繰り返し。

■説明のポイント■

① 2人の間は，握手のできるくらいの距離にすること。
② お手玉を持っていない人は，両手で受けざらをつくって待つこと。
③ お手玉は投げないで，おさらに置いてあげること。

■反省日記■

・投げずに置くだけなので，一番安全にできる。
・3人でも同じやり方でできる。
・何回できるか，数えさせてもいい。

・途中でとめないと勝手に100回ぐらいやる人もいる。
・慣れると結構スムーズにできる。

10 おさらにポン ②
2人組みでできるゲーム

おさらでポンの応用編。

■遊び方■

① 2人でひとつずつお手玉を持つ。
② 右手はお手玉，左手はおさらをつくって準備をして，相手のおさらにお手玉を置いてあげる。
③ おさらに入ったお手玉を右手で取り出して，同じように繰り返す。

■説明のポイント■

① 右手でお手玉を持ち，左手はおさらをつくること。
② 相手のおさらに置いてあげること。

■応用■

「うさぎとかめ」の歌（もしもしかめよ〜）を歌いながらやってみる。（ほかに4拍子の歌なら何でも可能）

■反省日記■

・見本を見せてあげる。

●●● 実際に現場でやっている楽しいゲーム集

- 右手がお手玉，左手がおさらなどと，統一すること。2人のうちのどちらかが反対になると，非常にやりづらい。
- 3人組みでも同じようにできる。
- 歌いながらやると，リズム感がとりやすい。

♪もしもし かめよ♪

♪かめさん よー♪

11 お手玉キャッチボール
2人組みでできるゲーム

■遊び方■

2人組みで向かい合って，間隔を1メートルあけて座ります。お手玉を使っていろいろなバリエーションでキャッチボールをしましょう。

① お手玉1つで普通にキャッチボール。
② ひとりが2つを同時に投げる。
③ ひとりが1個ずつ持って，「せ～の」で同時に投げる。

■説明のポイント■

① 2人の距離を1メートルぐらいとること。
② 相手のおなかをねらって，投げてあげること。

■反省日記■

・2人の間隔は，同時におじぎしても頭がぶつからない距離が目安。
・③の，2人が同時に持って投げるときは，掛け声をかけるとやりやすい。

● ● ● 実際に現場でやっている楽しいゲーム集

12 ごめんなさいジャンケン
2人組みでできるゲーム

■遊び方■

2人で向かい合って座ります。
ジャンケンをして，負けた方は両手をひざについて，大声で「ごめんなさいっ！」をします。

■説明のポイント■

① ジャンケンの敗者が行うこと。
② 大声で「ごめんなさい」をすること。

■反省日記■

・はじめにみんなで「ごめんなさい」の練習をする。
・1度だけでなく，何回か続けてやってみる。

● ● ● 実際に現場でやっている楽しいゲーム集

13 ばんざいジャンケン
2人組みでできるゲーム

■遊び方■

2人で向かい合って座ります。
ジャンケンをして，勝った方は両手をあげて大声で「ばんざいっ！」
をします。

■説明のポイント■

① ジャンケンの勝者が行うこと。
② 大声で「ばんざい」をすること。

■反省日記■

・はじめにみんなで「ばんざい」の練習を。
・1度だけでなく，何回か続けてやってみる。

●●● 実際に現場でやっている楽しいゲーム集

14 引越しジャンケン
2人組みでできるゲーム

■遊び方■

2人組みをつくります。
ジャンケンをして負けた人は，他の空いているイスへ移動してもらいます。何回か繰り返してみましょう。

■説明のポイント■

① 負けた人だけが動くこと。
② 勝った人には「こちらへどうぞ」と誘導する。

■注意■

移動はゆっくりと行うこと。

■反省日記■

・2人組みにすると，いつも同じ人とペアになることが多いので，たまにはペアを変えてみるためのゲームのひとつ。
・何度か繰り返すと，いろんな人と交流ができる。

● ● ● 実際に現場でやっている楽しいゲーム集

2人組みでできるゲーム
15 たし算ジャンケン

■遊び方■

2人で向かい合って座ります。グー，チョキ，パーをそれぞれ1，2，5と数字に変えて，ジャンケンをします。お互いの出した数を足し算します。

（例）ジャンケンの結果がグーとチョキならばこたえは「3」になります。

■説明のポイント■

① ジャンケンではなく，足し算だということ。
② 「グー，チョキ，パー」は「1，2，5」に変わること。
③ こたえを先に大きな声で言えた方が勝ち。

■反省日記■

・他のゲームより，かなり難易度が高いので，参加者ができなくてもあせらないこと。
・まず，はじめの数字をゆっくり覚えてもらうこと。
・必ず，見本を示すこと。
・「ジャンケンポンッ」「…………」となる人が多い。

・あいこを出すと，習性なのかなぜかもう一度ジャンケンしてしまう。（グーとグーなら「2」なのに，「あいこでしょ」って）

16 もしかめジャンケン
2人組みでできるゲーム

ばんざいジャンケンとごめんなさいジャンケンの応用編です。

■遊び方■

　「うさぎとかめ」の歌を歌いながら，ジャンケンをして，勝敗によって，2人同時に次のポーズをとります。
勝った人の場合　　ばんざい（両手をあげる）
負けた人の場合　　ごめんなさい（頭をさげる）
あいこの場合　　　握手をする

■リズムのとり方■

・「もしもしかめよ〜」ジャンケンをする。
・「かめさんよ〜」ポーズをとる。
　このリズムでジャンケンとポーズを繰り返す。

■説明のポイント■

①　ジャンケンのあと2人同時にポーズをとること。
②　あいこのときは握手をすること。

■反省日記■

・覚えることが3つあるので，ひとつひとつゆっくり確認する。
・あらかじめ，ごめんなさいジャンケン（70ページ参照）と，ばんざいジャンケン（72ページ参照）をやると，理解しやすい。
・はじめは歌なしで，練習してみる。
・頭と体と口を同時に使うので複雑だけれど，できると楽しいゲーム。

17 もしかめ握手
2人組みでできるゲーム

■遊び方■

2人組みをつくり，向かい合って座ります。「うさぎとかめ」を歌いながら，次の要領で握手をしましょう。

① 右手で8回
② 左手で8回
③ 右手で4回
④ 左手で4回
⑤ 右手で2回

⑥ 左手で2回
⑦ 右手で1回
⑧ 左手で1回
⑨ 2人の両手をあわせる

♪　もしもしかめよかめさんよ…①
　　世界のうちでおまえほど　…②
　　歩みののろい　　　　　　…③
　　ものはない　　　　　　　…④
　　どうして　　　　　　　　…⑤
　　そんなに　　　　　　　　…⑥
　　のろ　　　　　　　　　　…⑦
　　いの　　　　　　　　　　…⑧
　　か　　　　　　　　　　　…⑨

●●● 実際に現場でやっている楽しいゲーム集

■説明のポイント■

・はじめは歌なしの手だけで練習してみる。

18 チーム対抗ジャンケン
グループ・みんなでできるゲーム

■遊び方■

5～10人ぐらいのグループをつくり，チーム対抗でジャンケンをします。何を出すかはチーム内で相談してきめてもらい，みんなが一斉に同じものを出します。

■説明のポイント■

① ジャンケンで出すものはグループで相談してひとつに決めること。
② 決めたものは，みんなで一斉に出すこと。
③ 手を上にあげて（他のグループにも見えるように）ジャンケンしてもらうこと。

■応用■

3チーム以上の場合は巴戦，トーナメント方式で行うこともできます。

■反省日記■

・ひとりだけ違うものを出す人もある。

●●● 実際に現場でやっている楽しいゲーム集

- 「チョキね」と大声で相談して，敵に見透かされていた。
- なぜか，「あなた決めて」と他人まかせにする人が多い。
- 繰り返すうちに，相談するテンポがよくなる。
- 痴呆の人がいても，なぜか出すものはそろっていることが多い。
- ぎりぎりまで，隣の人に「これよ」と確認している人がいる。
- 野球のキャッチャーのように，サインを送る人がいる。

19 花いちもんめ
グループ・みんなでできるゲーム

■遊び方■

5〜10人ぐらいのグループを2チームつくります。チーム対抗ジャンケン（82ページ参照）をして勝ったチームが，負けチームからひとりを指名して横取りしてしまいます。何回かくり返して，最後のチームの人数で勝敗を決めます。

■説明のポイント■

① あらかじめ相手チームから横取りしたい人を相談して決めて，発表してもらう。
② チーム対抗ジャンケン（82ページ参照）で勝つことが横取りの条件となること。

■応用■

指名された人どうしで，ジャンケンしてもいい。

■反省日記■

・敵に指名されても，意外とイヤな顔はしない。(むしろ喜んでいる)
・一度指名された人は指名できないルールにしてもいい。(指名の重複を防ぐため)
・名前がわからない場合が多いので，はじめに自己紹介させてもいい。(ある意味，選別タイム)

・10対10で始めたものの,終わってみたら15対5なんてこともある。
・最後は新チームで手をつないで,1曲ぐらい歌いたい。

20 童謡クイズ
グループ・みんなでできるゲーム

■遊び方■

5～10人ぐらいのグループを作り，あらかじめ用意した童謡の問題集を相談しながら解いてもらいます。

■説明のポイント■

みんなで相談しながらすすめてもらうこと

■実際に使用した問題例■

みなさんで相談して，（　）の中に「これだっ！」と思うことばを入れましょう。

どんなに（1）が急いでも
どうせ（2）までかかるだろう
ここらでちょっと（　3　）
（　　4　　）　　　　　　　　　　　～うさぎとかめ3番～

> 正解　1かめ　　2晩　　　3ひとねむり
> 　　　4グウグウ　グウグウ　グウグウグウ

■反省日記■

・説明は問題を配る前にしてしまうこと。(問題を配ると，そっちに

夢中で話を聞かない）
・問題3は，なぜか「ひとやすみ」と答える人が多い。
・読むだけでなく，実際に歌ってみるとわかりやすい。
・誰でも知っている童謡，またはその2番，3番が出題しやすい。
・みんなで，話し合うことに意義がある。

グループ・みんなでできるゲーム
21 エンドレスサッカー

■遊び方■

紅白にわかれ，それぞれ半円ずつになるよう，ひとつの円をつくって座ります。中央にばらばらにおかれた複数のペットボトル 10 個を，参加者がボールを足で蹴って，すべて倒したら終了とします。

■説明のポイント■

① 「すべて倒したら終了」（倒れるまで蹴り続ける）ということ。
② 足だけを使うこと。
③ 安全のために，次の 2 点を確認する。
「座ったままで行うこと」
「自分の前に来たボールだけを蹴ること」

■応用■

ペットボトルを倒した本数で競う，個人戦にしてもよい。

■反省日記■

・ペットボトルは 500 ミリリットル〜 2 リットルまで，いろいろなものを使用した。
・あらかじめペットボトルには水をいれておいた。
・2 リットルのペットボトル（2 リットルの水）はなかなか倒れなかった。

●●● 実際に現場でやっている楽しいゲーム集

・ボールは1個より，2，3個あったほうが，リズムがいい。
・ボールの大きさは，バレーボールかビーチボール程度で。
・実際に本番前に実験してみる。

グループ・みんなでできるゲーム
22 生き残りサッカー

■遊び方■

紅白にわかれ，それぞれ半円ずつになるよう，ひとつの円をつくって座ります。ビニールテープで紅白に色分けしたペットボトルを各3個用意し，円の中央にばらばらにおきます。バレーボールやビーチボールを蹴って，敵のペットボトルを倒します。最後に残ったペットボトルのチームを勝ちとします。

■説明のポイント■

① 敵（のペットボトル）を倒すこと。
② 最後に残ったペットボトルのチームが勝ちとなる。
③ 誤って，味方のペットボトルを倒しても，そのまま続行する。
　（自殺点）

■反省日記■

・このゲームの前に，エンドレスサッカーで練習してみるとよい。
・味方のゴール（ペットボトル）を倒して，ひたすら謝る人がいた。

●●● 実際に現場でやっている楽しいゲーム集

紅組

白組

23 野菜・魚・くだもの
グループ・みんなでできるゲーム

■遊び方■

司会者が野菜・魚・くだものの3種類の中からひとつを選んで，ひとりを指名します。
指名された人が「野菜」と言われた場合は，野菜の中からひとつだけを選んで回答します。以下，司会者は，次々に3種類の中から選んでは指名し，答えてもらいます。

■説明のポイント■

・3種類のテーマはあらかじめ予告しておくこと。
・指名された人だけ答えるということ。

■反省日記■

練習として，「野菜の名前をたくさんあげてください」のような感じでスタートしてもいい。いきなり始めると結構難しいかも。

●●● 実際に現場でやっている楽しいゲーム集

著者紹介

●斎藤道雄（さいとう・みちお）　1965年生まれ。国士舘大学体育学部卒業。株式会社ワイルドスポーツクラブ（幼児体育，イベント企画，運営）を経て，健康維持増進研究会設立。子どもからお年寄りまでの，楽しい体力づくりを支援。特にゲームを利用したお年寄りの体力づくりは各施設で高い評価を得ている。平成14年に世田谷区社会福祉事業団と提携し，講師派遣業に加え，スタッフ育成支援事業も手掛けている。2007年クオリティー・オブ・ライフ・ラボラトリー（QOL.LAB）に改名。

〈著書〉
『お年よりにうけるレクリエーション』，『続・お年よりにうけるレクリエーション』，『幼児にうける体育とゲーム』，『車いすレクリエーション』（以上，大月書店）
『高齢者施設のための楽しいレクリエーション』（グラファージ）
『デイホームのためのお年寄りの簡単ゲーム集』（黎明書房）

〈これまでのおもな事業提携先〉
千葉県社会福祉協議会，青森県社会福祉協議会，足立区住区推進課，世田谷区社会福祉事業団，佐倉市社会福祉施設協議会，東京スポーツレクリエーション専門学校，有料老人ホーム敬老園，有料老人ホームレスト・ヴィラ，養護老人ホーム長安寮，養護老人ホーム白寿荘，芸術教育研究所，グラファージ（高齢者レクリエーション用品カタログ販売）ほか

＊実演，講演，研修会のご依頼はお気軽にご相談ください。
☎（FAX 共通）03-3302-7955
Email　m-saitoh@beach.ocn.ne.jp　URL　http://www.qollab.jp

執筆協力
皆川　尚子　スポーツインストラクター(幼児体育，親子体操，高齢者レクリエーション他)
和久　弘幸　世田谷区社会福祉事業団　在宅支援課長
蛯原　まゆみ　世田谷区社会福祉事業団　デイ・ホーム弦巻主任

協力施設
世田谷区社会福祉事業団　東京都世田谷区内に8つのデイ・ホームを経営。明るいスタッフと楽しい雰囲気が利用者に大好評。デイ・ホームへのお問合せ先　☎03-5450-6609

実際に現場で盛り上がるゲーム＆指導のコツ

2003年7月10日　初版発行
2009年7月31日　7刷発行

著　者	斎藤道雄
発行者	武馬久仁裕
印　刷	株式会社　太洋社
製　本	株式会社　太洋社

発行所　株式会社　黎明書房

〒460-0002　名古屋市中区丸の内3-6-27　EBSビル
☎052-962-3045　FAX 052-951-9065　振替・00880-1-59001
〒101-0051　東京連絡所・千代田区神田神保町1-32-2
南部ビル302号　☎03-3268-3470

落丁本・乱丁本はお取替します。　ISBN978-4-654-05631-6
© M. Saito 2003, Printed in Japan